La historia de Washington D. C.

Curtis Slepian, M.A.

Asesores

Brian Allman
Director
Escuelas del Condado de Upshur, Virginia Occidental

James D. Zimmer Jr., M.A., M.S.Ed.
Coordinador pedagógico de estudios sociales
Escuelas Públicas del Condado de Cecil, Maryland

Créditos de publicación

Rachelle Cracchiolo, M.S.Ed., *Editora comercial*
Emily R. Smith, M.A.Ed., *Vicepresidenta superior de desarrollo de contenido*
Véronique Bos, *Vicepresidenta de desarrollo creativo*
Dona Herweck Rice, *Gerenta general de contenido*
Caroline Gasca, M.S.Ed., *Gerenta general de contenido*
Dani Neiley, *Editora*
Fabiola Sepulveda, *Diseñadora gráfica de la serie*

Créditos de imágenes: pág.5 Shutterstock/Sean Pavone; pág.6 Library of Congress [73694572]; pág.7 (superior) British Museum, Londres; pág.7 (inferior) Gerald R. Ford Presidential Library and Museum/NARA; pág.8 Library of Congress [74692109]; pág.9 (superior) Library of Congress [LC-DIG-ppmsca-30579]; pág.10 (inferior) Library of Congress [LC-DIG-ppmsca-23076]; pág.11 (superior) Library of Congress [2104-2104001]; pág.11 (inferior) Alamy Stock Photo/North Wind Picture Archives; pág.12 National Capital Planning Commission, Washington, DC.; pág.13 (superior) Library of Congress [LC-DIG-hec-03446]; pág.14 Library of Congress [LC-DIG-ppmsca-53534]; pág.16 (superior) Bridgeman Images; pág.16 (inferior) Library of Congress [LC-DIG-ppmsca-24360]; pág.17 Getty Images/CNP; pág.18 Library of Congress [LC-USZ62-2574]; pág.19 Library of Congress [LC-DIG-hec-26800]; pág.20 (inferior) Getty Images/The Washington Post; pág.25 (superior) Shutterstock/ Cvandyke; pág.25 (inferior) Library of Congress [LC-DIG-ppmsca-19405]; pág.26 (superior) District of Columbia DMV; pág.27 Library of Congress [LC-USZC4-3623]; pág.32 Shutterstock/Joseph Sohm; todas las demás imágenes cortesía de iStock y/o Shutterstock

Library of Congress Cataloging-in-Publication Data

Names: Slepian, Curtis, author.
Title: La historia de Washington D.C. / Curtis Slepian. M.A.
Other titles: Story of Washington, D.C. Spanish
Description: Huntington Beach, CA : TCM, Teacher Created Materials, 2024. | Includes index. | Audience: Ages 8-18 | Summary: "Washington, DC, is more than just the U.S. capital. It plays a big role in the nation's history. This book tells the story of DC from the beginning. It tells about all the people and events that make it what it is today. You will see how DC grew from swamp land into an amazing international city with countless attractions to teach its visitors about the nation's past and present"-- Provided by publisher.
Identifiers: LCCN 2023036277 (print) | LCCN 2023036278 (ebook) | ISBN 9798765960455 (paperback) | ISBN 9798765970645 (ebook)
Subjects: LCSH: Washington (D.C.)--History--Juvenile literature.
Classification: LCC F194.3 .S49618 2023 (print) | LCC F194.3 (ebook) | DDC 975.3--dc23/eng/20231025
LC record available at https://lccn.loc.gov/2023036277
LC ebook record available at https://lccn.loc.gov/2023036278

En la portada se muestra el Monumento a Washington, en Washington D. C.

TCM Teacher Created Materials

5482 Argosy Avenue
Huntington Beach, CA 92649
www.tcmpub.com
ISBN 979-8-7659-6045-5

Printed by: 51497
Printed in: China

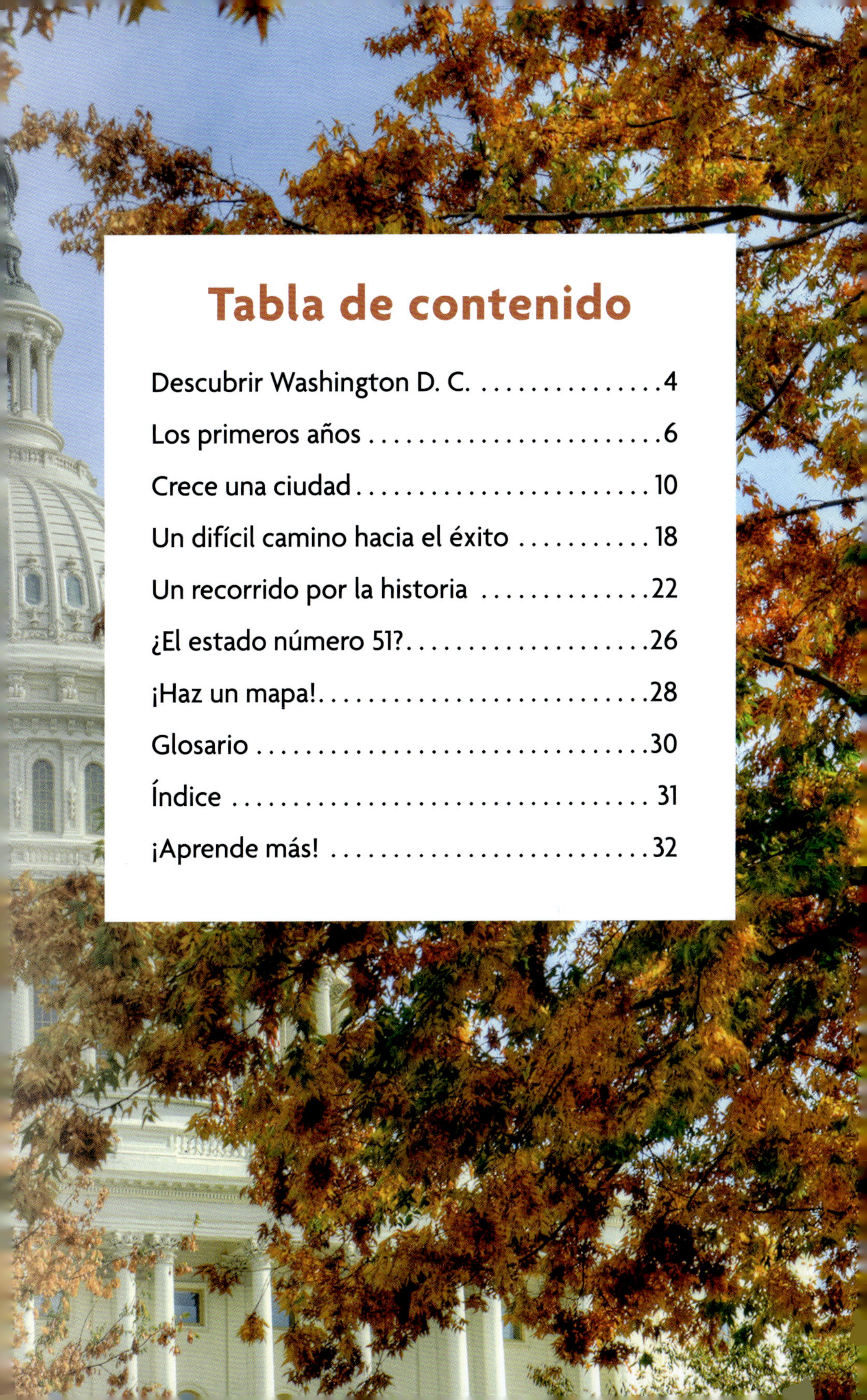

Tabla de contenido

Descubrir Washington D. C.

Estás de pie frente al **Monumento** a Washington. Ya lo has visto en muchas fotos. En persona, ¡es aún más impresionante! Te das vuelta. A lo lejos está el edificio del **Capitolio**. Su enorme cúpula blanca es asombrosa en la vida real. Washington D. C. está llena de atracciones tan geniales como estas. Mires donde mires, hay estatuas y monumentos, y enormes edificios de mármol. Pero la ciudad es especial por otra gran razón. Washington D. C. es la capital de Estados Unidos. Es la sede del gobierno estadounidense. Aquí se toman decisiones que pueden cambiar la vida de todos los habitantes del país.

Monumento a Jefferson

Explanada Nacional

Biblioteca del Congreso

Washington D. C. ha ayudado a darle forma al país más que ninguna otra ciudad. Las actividades más importantes del gobierno se desarrollan aquí. Las leyes de la nación se crean en el edificio del Capitolio. La Corte Suprema de Estados Unidos es la corte con mayor autoridad del país. La Casa Blanca es el lugar donde viven el presidente de Estados Unidos y su familia.

D. C. también es como un catálogo de la historia del país. El pasado de Estados Unidos se preserva en sitios como los Archivos Nacionales, la Biblioteca del **Congreso** y una gran cantidad de museos. Incluso sus vecindarios tienen una rica historia. La ciudad está repleta de símbolos que expresan el poder y la importancia de Estados Unidos.

Reglas de altura

Washington no tiene rascacielos. Algunas personas creen que hay una ley que establece que los edificios de la ciudad no pueden ser más altos que el Monumento a Washington (554 pies y 7 pulgadas; 169 metros). Eso no es cierto. La ley dice que ningún edificio puede medir más de 130 pies (40 metros), excepto en algunas áreas pequeñas. Así las calles reciben mucho sol.

Los primeros años

En Washington D. C. viven estadounidenses de origen europeo desde hace cientos de años. Pero ya había indígenas habitando esas tierras miles de años antes de la llegada de los europeos. La ciudad actual está ubicada cerca de los ríos Anacostia y Potomac. Los primeros indígenas consideraban que ese era un gran sitio para vivir. Los ríos les proveían abundantes peces. Los bosques cercanos estaban llenos de animales para cazar. Los indígenas cultivaban frijoles, papas y otras hortalizas. Usaban piedras para fabricar herramientas y cuencos.

En el siglo XVII, la tribu más numerosa de la región era la de los **nacotchtanks**. Allí construyeron aldeas. Una de esas aldeas estaba donde ahora está el Capitolio. Los nacotchtanks cultivaban vegetales donde hoy están la Biblioteca Nacional y la Corte Suprema. Comerciaban con otros pueblos de la Costa Este.

mapa de John Smith de 1612

Pero su vida cambió en 1607. Ese año llegaron los primeros europeos a la región. Los exploradores estaban liderados por un inglés llamado John Smith. Con el tiempo, los ingleses fueron tomando posesión de muchas de las tierras de los nacotchtanks. Cuarenta años después de la llegada de los ingleses, solo quedaba el 25 por ciento de los indígenas. Muchos de ellos habían muerto a causa de enfermedades y guerras. A fines del siglo XVII, los nacotchtanks ya casi habían desaparecido. Sus tierras se convirtieron en parte de las colonias. Los pocos miembros de la tribu que sobrevivieron se incorporaron a los piscataways, que siguen existiendo hoy en día.

aldea secotan pintada por John White, 1585

Los primeros residentes

Los presidentes no fueron los primeros en habitar el terreno de la Casa Blanca. En 1975, se iniciaron excavaciones para construir una piscina en el jardín sur de la Casa Blanca. Los expertos hallaron en la tierra piezas de alfarería y otros objetos. Habían sido fabricados por los indígenas que vivían allí mucho tiempo antes de la llegada de los europeos. En esta foto, el presidente Gerald Ford y otras personas observan la excavación.

Una idea capital

Washington D. C. no fue la primera capital de Estados Unidos. Tampoco fue la segunda ni la tercera. Pero es la que perdura hasta el día de hoy. La **Constitución** de Estados Unidos se firmó en 1787. Decía que el gobierno de Estados Unidos se encargaría de crear una nueva capital. Esa capital no podía ocupar más de 10 millas cuadradas (16 kilómetros cuadrados). Pero ¿cuál era el mejor lugar para construirla?

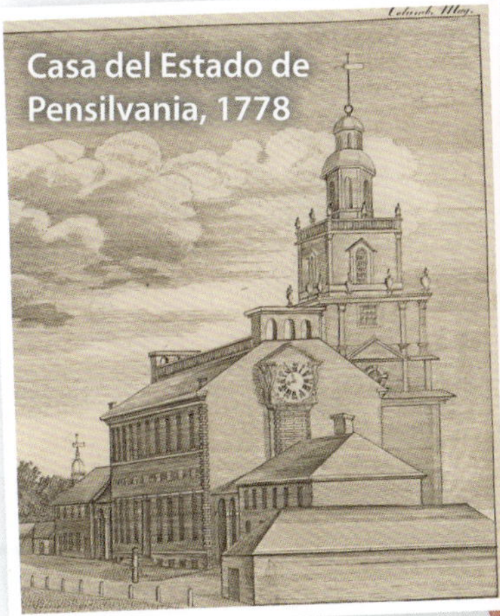
Casa del Estado de Pensilvania, 1778

Los norteños querían que la capital estuviera en el Norte. Los sureños insistían en que el mejor lugar era el Sur. Alexander Hamilton, de Nueva York, y Thomas Jefferson, de Virginia, hicieron un trato. Hamilton quería que el Congreso aprobara una ley importante. Jefferson lo ayudaría a lograrlo. Pero solo lo ayudaría si el Sur se salía con la suya. Hamilton dio el visto bueno. Filadelfia sería la capital de Estados Unidos desde 1790 hasta 1800. Luego, la capital se trasladaría hacia el sur, cerca del río Potomac.

Maryland y Virginia cedieron tierras para crear la ciudad. El presidente George Washington consideraba que era el sitio perfecto. Se encontraba a mitad de camino a lo largo de la Costa Este. Quedaba cerca de los estados del Norte y de los del Sur. Y el presidente esperaba que fuera la "puerta de entrada al interior". La nueva capital podría conectar el Oeste con el Este del país.

La capital recibió su nombre en honor a George Washington, por supuesto. La zona que rodea la ciudad fue llamada **Distrito de Columbia**. Este último nombre era un homenaje a Cristóbal Colón, quien en ese entonces era considerado el descubridor de las tierras donde se establecieron los colonos europeos.

Las ocho grandes

Washington D. C. fue la novena capital de Estados Unidos. El primer cuerpo de gobierno del país, el Congreso Continental, cambió de lugar muchas veces. Cada vez, el sitio donde se reunía se convertía en la capital. Las primeras ocho capitales fueron Baltimore, York, Lancaster, Filadelfia, Princeton, Trenton, Annapolis y la ciudad de Nueva York.

Carpenter's Hall, en Filadelfia

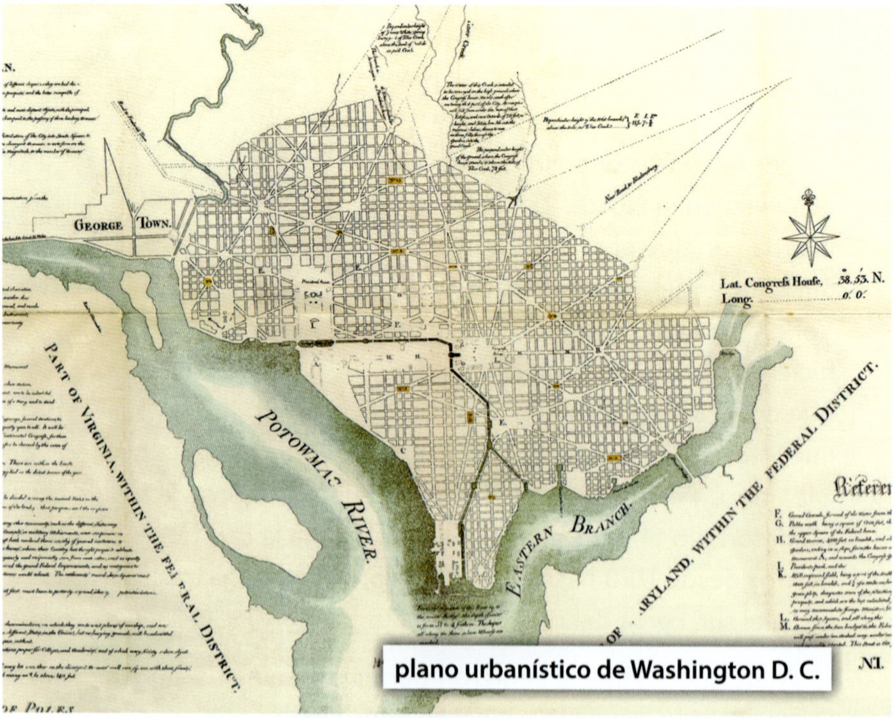

plano urbanístico de Washington D. C.

Crece una ciudad

George Washington quería que la capital fuera una ciudad imponente. Contrató a Pierre Charles L'Enfant para planificarla. El **ingeniero** desarrolló un diseño de avenidas largas y plazas majestuosas. Pero los líderes del gobierno rechazaron su plan. Por eso, en 1800, cuando D. C. se convirtió en la capital del país, ¡no estaba ni cerca de ser imponente! Había solo unas pocas casas y las calles eran senderos de tierra. La Casa Blanca (que entonces se llamaba Mansión Ejecutiva) y el edificio del Capitolio todavía no estaban terminados. Luego, los británicos incendiaron ambos edificios durante la guerra de 1812.

el Capitolio de Estados Unidos después del incendio

Pero, lentamente, Washington D. C. se recuperó y creció. El Capitolio y la Casa Blanca fueron reconstruidos. En la década de 1830, el primer ferrocarril llegó a D. C. Los trenes traían a personas interesadas en conocer la capital. La población aumentó durante la guerra de Secesión. Miles de soldados llegaron para proteger la ciudad. Washington D. C. también se llenó de soldados heridos. Y otras personas llegaron para atenderlos. La población de la ciudad siguió creciendo.

construcción del Capitolio de Estados Unidos

Sin embargo, tras la guerra, muchos regresaron a sus hogares. Dejaron atrás una ciudad de edificios deteriorados y comercios en quiebra. El Congreso no quería gastar dinero en la capital. Pero en 1817, permitió que la ciudad se gobernara a sí misma por unos años. Los líderes construyeron nuevas escuelas y mercados. Se pavimentaron las calles. Daba la sensación de que, algún día, la ciudad sería tan imponente como Washington la había imaginado.

Una buena medida

Benjamin Banneker fue un afroamericano que colaboró en el trazado de Washington D. C. Trabajó con el **agrimensor** principal en el diseño de la nueva capital. Banneker ayudó a establecer los límites de Washington D. C. Usó un telescopio para realizar mediciones precisas.

Altibajos

En 1900, Washington D. C. celebró su cumpleaños número 100. Esta vez, los funcionarios decidieron embellecer la ciudad. Desempolvaron los planos de L'Enfant y mandaron a construir edificios nuevos, que imitarían antiguos templos griegos y romanos. Se inauguraron salas de conciertos y museos. Abrieron tiendas lujosas. Varias avenidas se poblaron de opulentas **embajadas** extranjeras. La ciudad era un imán para los ricos, que vivían en sus mansiones en vecindarios como Dupont Circle. Pero también era el hogar de mucha gente pobre. Los pobres vivían en **callejones** oscuros y sucios, fuera de la vista de los ricos.

En 1929, Estados Unidos se derrumbó a causa de la **Gran Depresión**. Millones de personas perdieron su empleo. Unos años después, el presidente Franklin Roosevelt halló una solución para terminar con los tiempos difíciles. Creó puestos de trabajo en el gobierno. Miles de personas llegaron a Washington D. C. para ocupar esos puestos. Algunos trabajaron en grandes proyectos de obras públicas. Ayudaron a terminar los edificios de la Corte Suprema y la Biblioteca del Congreso.

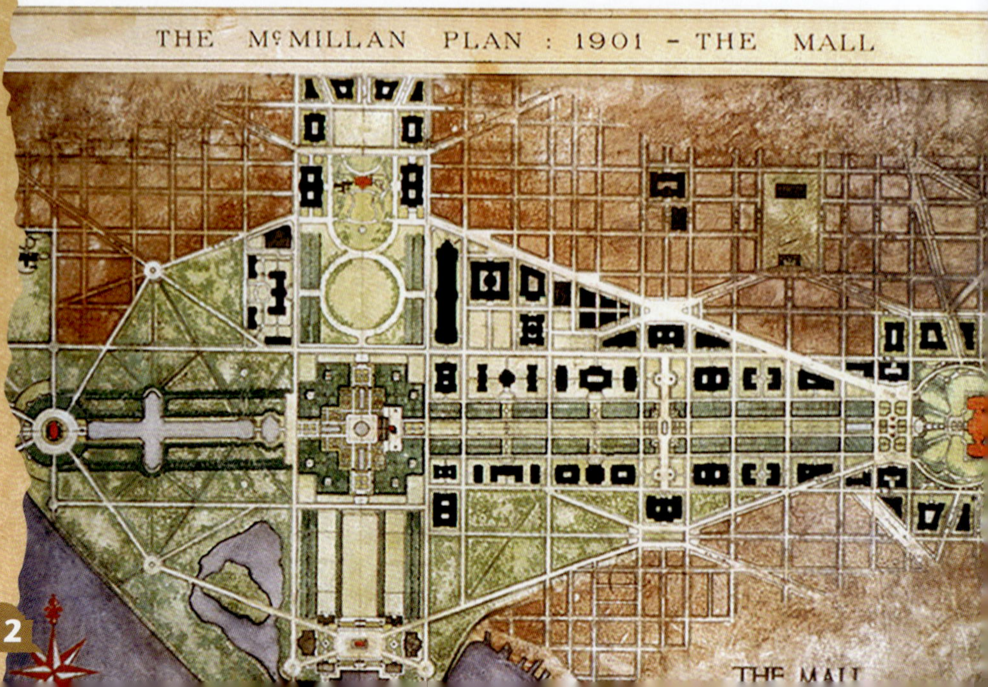

El Monumento a Lincoln

El Monumento a Lincoln estuvo a punto de no existir. Se creía que el sitio escogido para edificarlo era demasiado pantanoso. Pero el pantano fue drenado y el monumento se terminó de construir en 1922.

Luego, otro suceso sacudió a la nación. En 1941, Estados Unidos entró en la Segunda Guerra Mundial. Washington D. C. tuvo un papel importante en la guerra. La ciudad se vio inundada de trabajadores y soldados. Muchos de los recién llegados eran mujeres que querían ayudar al país en todo lo que pudieran.

La guerra terminó en 1945. Estados Unidos había ayudado a derrotar a sus enemigos. Entonces, D. C. se convirtió en un símbolo mundial de la democracia.

Explanada Nacional, en Washington D. C.

El regreso de la capital

En la década de 1950, Estados Unidos había crecido hasta convertirse en un líder dominante en la escena mundial. Y Washington D. C. estaba entre las capitales más influyentes del planeta. Sin embargo, cada vez más personas abandonaban la ciudad. Se mudaban a los **suburbios** de Virginia y de Maryland. Las familias buscaban más espacio y menos impuestos. Algunas personas se fueron porque temían que Rusia lanzara una bomba atómica sobre D. C. Algunas agencias de Washington D. C., como la CIA, trasladaron su sede central fuera de la ciudad.

Aún más personas se fueron en la década de 1960. Algunas huían de las ruidosas protestas contra la guerra de Vietnam. Otras se molestaron con los disturbios ocurridos en 1968. Algunas zonas de la ciudad fueron incendiadas. La delincuencia era un problema grave en la ciudad. Las cosas estaban tan mal que intervino el Congreso. Sancionó leyes severas contra la delincuencia.

Pero la situación comenzó a mejorar. ¿Qué sucedió? Gran parte de los cambios tuvieron que ver con algo bajo tierra. En la década de 1970, los líderes de Washington D. C. construyeron un sistema de **metro**. Comenzó a ser más fácil moverse por la ciudad. Los pasajeros podían explorar nuevos vecindarios. Se construyeron bonitos edificios de apartamentos cerca de las estaciones del metro. Los jóvenes comenzaron a regresar a D. C. La ciudad era mucho más segura que antes.

consecuencias de los disturbios de Shaw de 1968

Récord subterráneo

La red de ferrocarriles subterráneos de Washington D. C. se llama Metro. Es una de las más transitadas de Estados Unidos. Cada año, unos 174 millones de personas viajan en el Metro. El récord de pasajeros se registró un día de 2009. Fue el día en que Barack Obama asumió como presidente.

marcha por el derecho al voto femenino en 1913

El poder de la protesta

La Constitución de Estados Unidos protege el derecho a reunirse pacíficamente. Y uno de los lugares favoritos de reunión de los estadounidenses es Washington D. C. Allí, los **manifestantes** pueden hacerse oír por los legisladores.

A lo largo de los años, se han realizado marchas a favor y en contra de muchas cosas. Una protesta se llevó a cabo en 1913 cuando las mujeres marcharon para reclamar su derecho a votar. En las décadas de 1960 y 1970, muchas personas se manifestaron contra la guerra de Vietnam. Antes, en 1932, se habían reunido en Washington muchos soldados de la Primera Guerra Mundial que estaban disconformes. Decían que el gobierno les debía dinero. Su protesta no funcionó, pero su lucha llegó a los periódicos de todo el mundo. ¿Cuál fue la lección? ¡Lo que pasa en D. C. no queda en D. C.! Capta la atención de todo el mundo.

protesta contra la guerra de Vietnam

Washington D. C. ha sido el escenario de muchas protestas por los **derechos civiles**. En 1957, se hizo una marcha por el derecho al voto. Martin Luther King Jr. dijo: "Dennos el voto". En otra oportunidad, las personas marcharon para terminar con la **segregación** en las escuelas. Tal vez la protesta más famosa tuvo lugar en 1963. Se llamó la Marcha sobre Washington por el Trabajo y la Libertad. Fue allí donde el Dr. King dio su discurso titulado "Tengo un sueño". Recientemente, el movimiento Black Lives Matter organizó manifestaciones en todo D. C. Parece que Washington D. C. sigue siendo el lugar por excelencia para lograr que las opiniones sean escuchadas.

Martin Luther King Jr. habla durante la Marcha sobre Washington.

Millones en marcha

La manifestación de un solo día más grande de la historia de Estados Unidos tuvo lugar en el año 2017. Fue parte de la Marcha de las Mujeres sobre Washington. Unas 500,000 personas asistieron a la convocatoria en D. C. para luchar por los derechos de la mujer y otras causas. Se estima que más de 4.5 millones de personas marcharon a lo largo del país ese día para expresar su apoyo. ¡Y unos 7 millones de personas se sumaron desde otras partes del mundo!

Un difícil camino hacia el éxito

Los afroamericanos han tenido un papel esencial en la historia de la capital. También lo tuvo la esclavitud. Washington D. C. se formó con tierras cedidas por Maryland y Virginia. Casi la mitad de las personas esclavizadas del país vivían en esos estados. De modo que las personas negras conformaban una cuarta parte de la población de la ciudad en 1800. Algunas personas blancas que visitaban la ciudad nunca antes habían visto personas negras esclavizadas y encadenadas. ¡Quedaron impactadas! ¿No era esta la capital de la democracia?

En 1830, la población negra de la ciudad estaba formada, aproximadamente, por una mitad de personas libres y una mitad de personas esclavizadas. Algunos residentes de la ciudad lucharon para poner fin a la esclavitud. Sus voces ayudaron a que la esclavitud se aboliera en D. C. en 1862. Durante la guerra de Secesión, muchos afroamericanos llegaron a la ciudad. Querían luchar por la Unión. Muchos de ellos eran personas liberadas. Otros habían escapado de la esclavitud.

Un grupo de personas esclavizadas pasan encadenadas frente al Capitolio de Estados Unidos, alrededor de 1815.

trabajadores en huelga en Washington D. C.

En 1900, Washington D. C. era la ciudad de Estados Unidos con el mayor porcentaje de población negra. Con los años, esas personas formaron sus propias comunidades. Tenían sus propias tiendas. Asistían a sus propias escuelas. Académicos y pensadores negros llegaban a D. C. Pero el racismo prevalecía allí. Por eso, las personas negras decidieron pasar a la acción en las décadas de 1930 y 1940. Dejaron de comprar en las tiendas racistas. Organizaron **sentadas** en restaurantes segregados.

Un problema importante era que el gobierno de Estados Unidos no contrataba trabajadores negros. Los afroamericanos amenazaron con protestar en la capital. El gobierno se echó atrás y modificó sus políticas.

Rendimiento destacado

La Universidad Howard de D. C. se fundó en 1867. Era principalmente para estudiantes afroamericanos. En ese momento, la mayoría de las instituciones educativas no aceptaban estudiantes negros. En la actualidad, la Universidad Howard es una de las mejores del país. Algunos graduados famosos son el juez de la Corte Suprema Thurgood Marshall, la vicepresidenta Kamala Harris y el actor Chadwick Boseman.

casas históricas en el vecindario de Shaw

En crecimiento

En la década de 1950, creció el movimiento por los derechos civiles. Estados Unidos promulgó leyes para tratar de terminar con las injusticias raciales. Eso era importante para los habitantes de Washington D. C. Allí los estadounidenses negros ya constituían la mitad de la población. En la década de 1960, se realizaron en la ciudad varias protestas pacíficas contra el racismo. Pero, en 1968, el líder y activista negro Martin Luther King Jr. fue asesinado en Memphis, Tennessee. Su muerte desató disturbios en el vecindario de Shaw. El vecindario había sido un centro de la vida afroamericana en la ciudad. Durante los disturbios, los manifestantes destrozaron muchas tiendas y zonas públicas. Como resultado, muchas personas blancas abandonaron la ciudad. En 1975, casi tres cuartas partes de la población eran personas negras. Luego, las familias negras también comenzaron a irse.

mural del cantante Marvin Gaye, en Washington D. C.

Pero ese no fue el final de Shaw ni de D. C. Con el tiempo, la gente volvió. Trajeron consigo una cultura y una comunidad vibrantes. Hoy en día, las personas disfrutan de los teatros, las librerías y los restaurantes de Shaw. Los artistas de Shaw y de otros vecindarios han pintado en las calles murales que retratan a afroamericanos importantes. La historia afroamericana se destaca en toda la ciudad. Se puede visitar la casa de Frederick Douglass. Douglass había estado esclavizado. Luchó para acabar con la esclavitud. El Monumento a Martin Luther King Jr. es conmovedor, tal como él lo era en persona. El Museo Nacional de Historia y Cultura Afroamericana cuenta la larga historia de las personas negras en Estados Unidos. Muestra cómo han ayudado a construir la nación.

En honor al 54.º

El vecindario de Shaw fue nombrado así en honor a Robert Gould Shaw. Él fue un oficial blanco de la guerra de Secesión, que lideró el 54.º **regimiento** de afroamericanos de Massachusetts. Muchos de esos soldados murieron valientemente en combate. Uno de ellos fue el primer afroamericano que ganó la Medalla de Honor.

parque histórico nacional del canal Chesapeake-Ohio en Georgetown, Washington D. C.

Un recorrido por la historia

Washington D. C. tiene muchísimos vecindarios históricos. El más antiguo se conoce actualmente como Georgetown. En 1751, era una ciudad inglesa nombrada así en honor al rey Jorge II. En 1871, pasó a formar parte de D. C. ¿Quieres viajar al pasado? Recorre las calles de **adoquines** de Georgetown. A cada lado, verás antiguas mansiones y casas de madera. O pasea por el canal Chesapeake-Ohio. Este curso de agua se formó en 1828. El vecindario de Foggy Bottom ("fondo de neblina") tiene un nombre curioso. ¿Por qué? Solía estar cubierto de niebla y humo de las fábricas. "Fondo" se refiere a que está en un terreno bajo.

En Foggy Bottom también hay un lugar famoso: el 1600 de la avenida Pensilvania. Esa es la dirección de la Casa Blanca. John Adams fue el primer presidente que vivió allí. Desde entonces, cada presidente la ha llamado su hogar. Muchos le hicieron modificaciones al edificio. Hoy, el presidente y su familia disfrutan de un hogar y un espacio de trabajo con ¡132 habitaciones y 35 baños! Pero no viven solos. Allí también viven cientos de trabajadores e invitados, entre otros.

Biblioteca del Congreso

Dos tercios del gobierno de Estados Unidos se encuentran en el vecindario de Capitol Hill. Su punto más alto es el edificio del Capitolio. Mide 288 pies (88 metros) de altura. Allí, el Congreso debate y crea las leyes. Cerca del Capitolio está el edificio de la Corte Suprema de Estados Unidos. En su interior, los abogados argumentan sobre casos importantes ante los jueces. También está cerca la Biblioteca del Congreso, la más grande del mundo. Contiene 170 millones de libros y otros objetos.

¡Que comience el juego!

Antiguamente, había un campo de béisbol a solo un lanzamiento de distancia de la Casa Blanca. Los primeros clubes de béisbol de Washington D. C. jugaron en ese campo en 1860. El presidente Andrew Johnson presenció juegos allí, y el presidente Ulysses Grant incluso fue árbitro de algunos partidos.

Explanada Nacional

La Explanada Excepcional

La Explanada Nacional se extiende desde el Capitolio hasta el río Potomac. Sobre la Explanada, entre el Capitolio y el Monumento a Washington, hay un largo campo verde. Allí muchas personas practican deportes. También hacen protestas. Miran los fuegos artificiales del Cuatro de Julio. La Explanada suele ser llamada "el patio delantero de Estados Unidos". Pero no siempre fue un lugar divertido para pasar el rato. En algún momento fue un pantano. El ganado pastaba allí. Más adelante, se construyó una estación de ferrocarril en ese sitio. Hoy en día, la Explanada está rodeada de monumentos. También está rodeada de museos y galerías de arte. ¡Y en todos la entrada es gratuita!

Monumento a Lincoln

La Explanada es el lugar más visitado de la ciudad. Una de sus principales atracciones es el Museo Nacional de Historia Estadounidense. Allí están el sombrero de Abraham Lincoln, la rana Kermit, trozos de la roca de Plymouth y otros objetos del pasado de la nación. El Museo Nacional del Aire y el Espacio de Estados Unidos contiene prácticamente todo aquello que pueda volar, desde el avión de los hermanos Wright hasta una cápsula espacial del programa Mercury. El Museo Nacional del Indio Americano exhibe la cultura y la vida de los pueblos indígenas. A una milla del Capitolio está el Monumento a Washington. ¡Sube los 897 peldaños hasta la cima, si puedes! Un poco más allá está el Monumento a Lincoln. Desde allí, hay un corto trecho hasta el Monumento a los Veteranos de Vietnam y el Monumento a los Veteranos de la Guerra de Corea. Una sola visita a la Explanada puede enseñarte mucho sobre Estados Unidos.

Museo Nacional del Indio Americano

El canto de la libertad

Marian Anderson fue una mujer afroamericana que se hizo famosa como cantante de ópera. En 1939, ella debía dar un concierto en el Constitution Hall de Washington D. C. Pero los dueños de la sala de conciertos no le permitieron cantar debido a su raza. Entonces, Anderson cantó sobre los peldaños del Monumento a Lincoln, frente a 75,000 personas.

¿El estado número 51?

"Basta de impuestos sin **representación**". Ese eslogan está escrito en muchas placas de autos de Washington D. C. Los residentes del lugar pagan impuestos al gobierno estadounidense como todos los demás. Pero no tienen senadores. Tienen un solo representante en el Congreso. Pero no se le permite votar. Los ciudadanos de D. C. no tenían permitido votar para presidente de Estados Unidos antes de 1961. Ni siquiera podían votar para elegir a su alcalde antes de 1974.

¿Por qué D. C. recibe ese trato? Así es como está escrito en la Constitución. Allí se estipula que la capital debe estar controlada por el gobierno de Estados Unidos. El Congreso toma las decisiones sobre el distrito, incluyendo cómo votar.

Washington D. C.

Washington D. C. es una ciudad. Si fuera un estado, no estaría controlada por el Congreso. ¿Debería Washington D. C. ser el estado número 51? Algunos creen que no. Dicen que sería inconstitucional. Temen que D. C. tendría más poder que otros estados sobre el gobierno estadounidense, por el trabajo que se realiza allí. Pero otros dicen que sí. La ciudad tiene más habitantes que los estados de Wyoming y Vermont. Esos estados tienen senadores. Cada uno tiene un representante que vota en el Congreso. ¿Por qué no debería tenerlo Washington D. C.? Creen que los habitantes de la ciudad deberían tener control sobre su propia vida.

Sea una ciudad o un estado, Washington D. C. siempre tendrá una gran influencia en la vida estadounidense. Siempre será un lugar donde entender el pasado y el presente de Estados Unidos y sus deseos para el futuro.

Cambio de nombre

Si Washington se convirtiera en estado, recibiría un nuevo nombre. Uno de los nombres propuestos para D. C. como estado es New Columbus. Otro nombre es Estado de Washington, Mancomunidad de Douglass. Este nombre hace honor a Frederick Douglass, que vivió en la ciudad durante muchos años.

¡Haz un mapa!

Washington D. C. es una ciudad llena de cosas geniales para ver. Muchos mapas de la zona muestran la ubicación de esas atracciones. Pero tú puedes hacer tu propio mapa de los principales sitios emblemáticos de D. C. Escoge una de las siguientes ideas:

1. Dibuja el contorno de Washington D. C. En tu mapa, pon un símbolo y un nombre para cada atracción que te gustaría visitar en persona.
2. Dibuja el contorno de Washington D. C. Agrega nuevos lugares que te gustaría que haya en la ciudad. Incluye monumentos en homenaje a personas o grupos del pasado o del presente. Pon un museo de cualquier tema que te guste. Escoge nombres para nuevos parques y ubícalos en el mapa.
3. Crea un mapa-adivinanza. Primero, dibuja el contorno de la Explanada Nacional. Dibuja símbolos de los edificios y monumentos donde están ubicados en la Explanada. Numera cada símbolo. Debajo del mapa, escribe los números. Junto a cada número, escribe una oración que describa el lugar sin nombrarlo. Pídeles a otras personas que digan el nombre de las atracciones basándose en las pistas y las ubicaciones del mapa.

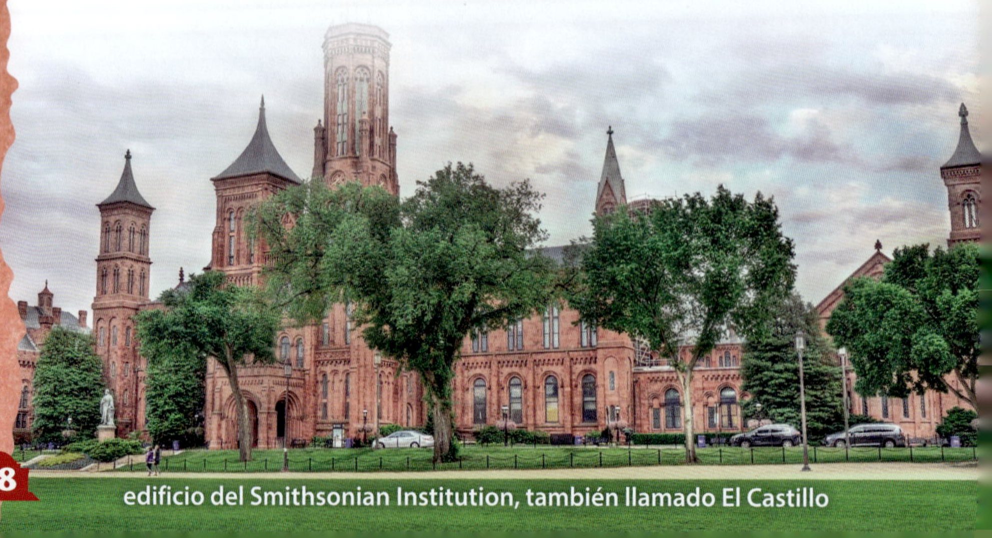

edificio del Smithsonian Institution, también llamado El Castillo

Casa Blanca

Museo Nacional del Aire y el Espacio del Smithsonian

Museo Nacional de Historia Natural del Smithsonian

Glosario

adoquines: piedras redondeadas que se usan para pavimentar calles o aceras

agrimensor: alguien que hace mediciones en un terreno

callejones: calles estrechas entre edificios

Capitolio: el edificio donde se reúne el Congreso de Estados Unidos

Congreso: el Senado y la Cámara de Representantes de Estados Unidos

Constitución: el documento que describe las leyes y el sistema de gobierno de Estados Unidos

derechos civiles: derechos relacionados con la libertad personal que cada ciudadano de Estados Unidos debe tener

distrito: un área creada para una función del gobierno

embajadas: edificios donde trabajan los representantes de los países extranjeros

Gran Depresión: una época en la década de 1930 en la que la economía de Estados Unidos y del mundo iban mal

ingeniero: alguien que diseña y construye objetos o sistemas complejos

manifestantes: personas que participan en una reunión pública de protesta

metro: un tren subterráneo de una ciudad

monumento: una obra, en honor a alguien o algo

nacotchtanks: indígenas de una tribu que vivió en las tierras que serían Washington D. C.

regimiento: una unidad militar de muchos soldados

representación: el acto de hablar o actuar en nombre de una persona o un grupo en un cuerpo legislativo

segregación: la separación de ciertas personas por su raza u otras razones

sentadas: protestas en las que las personas se niegan a abandonar un sitio

suburbios: ciudades pequeñas cercanas a ciudades más grandes

Índice

¡Aprende más!

Frederick Douglass tuvo una vida asombrosa. Nació en condiciones de esclavitud en 1818. En 1838, escapó al Norte. Allí, manifestó su oposición a la esclavitud y habló sobre ello con el presidente Abraham Lincoln. Escribió tres libros sobre su vida y redactó y dio discursos sobre el racismo. Douglass fue a vivir a Washington D. C. en 1872. Se dice que fue el estadounidense más fotografiado del siglo XIX.

- Busca más información sobre Frederick Douglass.
- Imagina que eres Douglass y que escribes un diario íntimo.
- Escoge tres sucesos importantes de su vida. Para cada suceso, escribe una entrada de su diario. Describe sus experiencias como si fueras él.

Sitio Histórico Nacional Frederick Douglass